S/S »DAR POMORZA«
1976
zu Besuch in Hamburg
S/S DAR POMORZA
ZU BESUCH IN BREMEN
DAR POMORZA
8 79 12
OPERATION SAIL • 1978
DAR POMORZA
DAR POMORZA GDYNIA
DAR POMORZA GDYNIA
DAR POMORZA GDYNIA
S/S DAR POMORZA
ZU BESUCH IN BREMERHAVEN
OPERATION SAIL
16·VIII 7·IX
DAR POMORZA
OPERATION SAIL GDYNIA NEW YORK
150 Jahre Seestadt Bremerhaven
S/S »DAR POMORZA«
zu Besuch in BREMERHAVEN
S/S DAR POMORZA
ZU BESUCH IN BREMERHAVEN
OPERATION SAIL 76 GDYNIA NEW YORK
DAR POMORZA 19 67 MONTREAL

Roland G. Tschabold · Windjammer

VITRINE

Roland G. Tschabold

WIND JAMMER

Die letzten Königinnen der Meere

AT Verlag Aarau · Stuttgart

Wir danken den Seefahrtsschulen, Kapitänen, Werften, Seefahrtsmuseen und Freunden, die zum Gelingen dieses Bildbandes beigetragen haben.

Blohm & Voss AG Hamburg, Schiffsbauunternehmung

Bundesministerium der Verteidigung, Segelschulschiff «Gorch Fock»

Deutscher Schulschiff-Verein Bremen, Kapitän Harm Müller-Röhlck, «Schulschiff Deutschland»

East Asiatic Company Ltd. Kopenhagen, Schulschiff «København»

Hans Jörg Furrer, Bern, Autor «Die Vier- und Fünfmast-Rahsegler der Welt»

Ministerium für Handel, Seefahrt und Industrie, Kopenhagen, Kapitän Wilhelm Hansen «Danmark»

National Maritime Museum London/Greenwich

STA Sail Training Association London, Cutty Sark Tall Ships' Race

Wysza Szkola Morska, Gdynia Polen, Kapitän Tadeusz Olechnwicz «Dar Pomorza» / «Dar Mlodziezy»

Vorsatz:
Schiff- und Poststempel der «Dar Pomorza».

AT Verlag Aarau/Schweiz

Umschlag: Atelier Waldburger ASG, Niedererlinsbach

Gesamtherstellung: Grafische Betriebe Aargauer Tagblatt AG, Aarau

Printed in Switzerland

ISBN 3-85502-256-9

Die grosse Zeit der Windjammer liegt weit zurück. War es zur Jahrhundertwende noch ein gewohntes Bild, in den Häfen und auf Reede Segelschiffe liegen zu sehen, kann man heute nur noch selten ein Schulschiff bewundern. Fracht wird nicht mehr auf Segelschiffen befördert, sondern sie dienen der seemännischen Ausbildung.

Einige wenige Länder unterhalten heute noch Segelschiffe, um seemännischen Nachwuchs für die Marine des jeweiligen Landes auszubilden. Über den Sinn dieser Ausbildung wird viel diskutiert. Es bedarf sicher nicht der Ausbildung auf einem Segelschiff, um eine leistungsfähige Handelsmarine oder Kriegsmarine mit tüchtigen Seeleuten zu versorgen. Unbeschadet dieser Auffassung besteht jedoch auch kein Zweifel darüber, dass es kaum eine geeignetere Ausbildung und Schulung als die auf einem Schulschiff gibt, um Tugenden und Eigenschaften eines Menschen zu fördern, die auch heute noch in der Seefahrt besonderen Stellenwert haben. Kameradschaft, Disziplin, die Fähigkeit, mit Unbequemem und Widrigem fertig zu werden, werden «erfahren».

Die Qualität der Repräsentation eines Landes durch ein Segelschulschiff ist unbestritten. In den genannten Kriterien liegen die wesentlichen Aufgaben der heute noch fahrenden Segelschulschiffe.

Harm Müller-Röhlck, Kapitän auf dem «Schulschiff Deutschland»

Wann und wo zum erstenmal ein menschliches Wesen sich eines schwimmfähigen Untersatzes als Fortbewegungsmittel bedient hat, dürfte uns mit grosser Wahrscheinlichkeit für immer ein Geheimnis bleiben. Das gleiche gilt auch für seine Beschaffenheit, die jedoch kaum den Stand einiger lose zusammengebundener Baumteile überschritten haben dürfte. Eines können wir jedoch mit Bestimmtheit sagen, dass das Segelschiff eines der ältesten technischen Fortbewegungsmittel des Menschen ist. Seine Entwicklungsgeschichte könnte vermutlich auf über 6000 Jahre zurückgehen. Wie wohl bei keinem anderen Verkehrsmittel hat sich jedoch seine Entwicklung oft kaum merklich über Jahrhunderte erstreckt.

Zwei unbeeinflussbare Voraussetzungen sind ihm bis in unsere Tage geblieben: das Wasser, auf dem es sich bewegt, und der Wind, durch den es angetrieben wird. Seine Konstrukteure nutzten über all die Zeit immer technische Erfindungen und besseres Baumaterial, stets unter dem Aspekt, in den von der Natur gegebenen Verhältnissen noch bessere, noch schnellere oder noch grössere Segelschiffe zu Wasser zu bringen. Dass dabei das Wort «schneller» zwangsläufig auch Eigenschaften wie Eleganz oder Schönheit nach sich zog, bewiesen zur Genüge die grossen Segelschiffe selber. Es gibt sicher wenige Beispiele, bei denen ein «Werkzeug» des Menschen von solchen Dimensionen, das zudem von so starken Anforderungen der Wirtschaftlichkeit abhängig war, eine derartige Schönheit und Beliebtheit erlangte. Die grossen Segler, die wir als «Windjammer» bezeichnen, erreichten ihre Blütezeit im vorigen Jahrhundert, ausgerechnet in der Zeit, als ihr Todeskampf gegen die Dampfmaschine schon fast entschieden war. Die Dampfer imponierten zwar durch die Kraft ihrer windunabhängigen Maschinen, den ästhetischen Reiz ihrer windgetriebenen Vorläufer erreichten sie jedoch nie. Die Verbesserung des Eigenantriebes war für die Reeder zunächst wichtiger als eine dynamische Form von Rumpf und Aufbauten.

Heute durchpflügen noch etwas mehr als zwei Dutzend der «letzten Königinnen der Meere» regelmässig als klassische Segelschulschiffe die See. Eine annähernd so grosse Anzahl von «Windjammer» sind uns über die ganze Welt verstreut als Museumsschiffe erhalten geblieben. Ihnen, ihrer zum Teil recht bewegten Geschichte und den Seeleuten, die es ermöglichten, sie in die Geschichte eingehen zu lassen, ist dieser Bildband gewidmet.

INHALT

Aufbruch ins 19. Jahrhundert

Es war eine turbulente Zeit. In vielen Köpfen geisterten noch immer Namen und Ereignisse wie Washington, Robespierre, die amerikanische Unabhängigkeitserklärung und die Französische Revolution umher. Doch noch bevor das neue Jahrhundert in Angriff genommen werden konnte, standen bereits mit Napoleon und Lord Nelson zwei neue gewichtige Herren im Rampenlicht des Weltgeschehens. In der Seeschlacht von Trafalgar sollte sich bereits 1805 das Blatt endgültig zugunsten der Engländer wenden. Des Kriegens müde, vertraute man willig dem durch die Grossmächte in Wien geschlossenen Vertrag.

Dabei machte aber in der christlichen Seefahrt kaum einer die Rechnung mit der industriellen Revolution. Erste Anzeichen für eine solche lieferten die stinkenden Steamer, welche, dicke Rauchwolken nach sich ziehend, den Küsten entlanghusteten. Wider alle Erwartungen gediehen die verrussten «Teekessel» prächtig. 1819 war es endlich soweit, und wenn auch nicht ganz unvorbereitet, schlug in den meisten Büros der Segelschiffreedereien die Nachricht der ersten Atlantiküberquerung eines von einer Dampfmaschine getriebenen Schiffes wie eine Bombe ein. Bei diesem «Dampfer» handelte es sich um die 703 BRT grosse, mit drei Masten versehene «Savannah», die von New York nach Liverpool nur 25 Tage benötigte, was auf dieser Strecke überdies neue Bestzeit bedeutete. Ohne die Leistung der «Savannah» und ihrer Leute schmälern zu wollen, muss aber betont werden, dass sich das Schiff lediglich in den ersten 18 Tagen auf seine 90-PS-Dampfmaschine verlassen konnte, da nach dieser Zeit das zum Heizen benötigte Fichtenholz aufgebraucht war.

Die rasante Entwicklung der Dampftechnologie sollte auch im Segelschiffbau nicht ohne Folgen bleiben, und schon nach wenigen Jahren entstand eine neue Generation von Segelschiffen. Eisen hiess das Losungswort. Bereits 1853 wurde in England das erste ganz aus Eisen gebaute Segelschiff fertiggestellt, und nur dreissig Jahre später hatte in Europa das gute alte

STA-Windjammertreffen in Kiel 1980.
So dürften um die Jahrhundertwende alle Seehäfen ausgesehen haben.

Holzschiff auf hoher See ausgedient. Die Konstruktion der eisernen Klipper wich von derjenigen ihrer Vorgänger recht deutlich ab. Stabiler und gleichzeitig leichter, wurden sie länger und schmäler gebaut. Den Reeder interessierten aber in erster Linie ihr grösseres Ladevermögen und ihre Bedienungsfreundlichkeit. In Europa und in den Vereinigten Staaten nannte man sie nun «Tall Ships», Tiefwassersegler oder «Windjammer». Allgemein meinte man damit grosse Frachtensegler, wie sie von der Mitte des letzten Jahrhunderts an regelmässig auf den grossen Linien zwischen den Kontinenten eingesetzt wurden. Ihre Reisen, die oft um eines der sagenumwobenen drei Kaps gingen, nennen die Seeleute noch heute «Grosse Fahrt», um sie von denen zu unterscheiden, die lediglich über den Atlantik führten. Bei den drei Kaps meinen sie das Kap Hoorn an der Südspitze von Südamerika, das Kap der Guten Hoffnung am südlichen Ende des Schwarzen Kontinents und das South East Cap in Australien.

«Dampf, die neue Dimension».

Dampf, der Anfang vom Ende

Bis Ende der sechziger Jahre des vorigen Jahrhunderts konnten Dampfschiffe im gewinnbringenden Osthandel noch bei weitem nicht konkurrieren. Sie benötigten zuviel Brennmaterial für die lange Reise um Afrika. Das hätte zu diesem Zeitpunkt noch zu viele Zwischenhalte erfordert. Auch das Anlegen von Bunkerstationen und Kohlenlagern hätte nebst grossen Zeitverlusten unverhältnismässig hohe Kosten mit sich gebracht. Durch die Eröffnung des Suez-Kanals im Jahre 1869 ergab sich auf einmal eine ganz neue Ausgangslage. Die Reise wurde durch diese künstliche Wasserstrasse, die sich für grössere Segelschiffe absolut nicht eignete, um Tage kürzer. Fast über Nacht wurden die legendären Teeklipper aus dem Geschäft geworfen.

Für viele ältere Klipper blieb daher, nach zum Teil längerer Liegezeit in ihren Heimathäfen, wo sie noch ganz verrotteten, nur noch die letzte Fahrt auf den Schrottplatz. Neuere Segler wurden dagegen kurzerhand im australischen Wollhandel eingesetzt, wo sie zum Teil mit erstaunlichen Fahrzeiten noch einmal zu neuem Glanz erblühten.

Doch nicht allein die nicht mehr aufzuhaltende Entwicklung der Dampfer bereitete den Windjammerreedereien immer mehr Sorgen, auch die Eröffnung des Nordseekanals 1895 und der Bau des Panamakanals dienten nicht gerade dazu, die angeschlagene Lage der Frachtensegler zu verbessern. Nicht zu unterschätzen war auch der zunehmende Einfluss der Gewerkschaften, die ohne Rücksicht auf Verluste ihre Arbeitszeitbedingungen durchzusetzen begannen.

«Cutty Sark». Der 1869 gebaute Klipper ist das letzte erhalten gebliebene Schiff seiner Art. Seit 1957 liegt es als Museumsschiff in Greenwich.

CUTTY SARK

Zunehmend verringerte sich das Einsatzgebiet der Segler, und immer mehr Güter mussten den ungeliebten «Kohlefressern» überlassen werden. Trotzdem gab es aber immer noch namhafte Reeder und Kapitäne, die ungebrochen von der Idee überzeugt waren, unter Segel auch weiterhin Geld verdienen zu können. Das Rezept dafür hiess einfach: weniger Leute – grössere Schiffe. Noch bevor das zwanzigste Jahrhundert eingeläutet werden konnte, waren Stahlkästen, wie man diese Ungetüme auch zu nennen pflegte, mit einem Fassungsvermögen von 3000 bis 4000 Tonnen Fracht keine Seltenheit mehr. Diese Schiffe waren nicht mehr wie ihre Vorläufer, die Klipper, auf Geschwindigkeit ausgerichtet. Ihre Ladung beschränkte sich auch weitgehend auf Kohle, Erz, Getreide und Salpeter. In verschiedenen Ländern wurde zudem versucht, mit Staatsverträgen gewisse Linien abzusichern. In Frankreich zum Beispiel vermochte die Reederei A.D. Bordes auf diese Weise über längere Zeit 36 grosse Segler in der Salpeterfahrt unter Segel zu halten. In Deutschland zog man es vor, seine Tiefwassersegler als frachtfahrende Segelschulschiffe in Fahrt zu halten. Grosse Verdienste wurden dabei einmal mehr der Reederei F. Laeisz aus Hamburg zuteil, die mit ihren legendären «Flying P-Liner» weltweit über die schönsten und schnellsten Windjammer jener Zeit verfügte.

1902 lief in Bremerhaven das fünfmastige Vollschiff «Preussen» vom Stapel. Es ist bis heute das grösste seiner Art geblieben.

Glücklose Giganten

Zwischen 1890 und 1926 entstanden sicher sieben der imposantesten Rahsegler der europäischen Schiffahrt. Der erste dieser Giganten – die Fünfmastbark «France» – wurde durch die französische Reederei A. D. Bordes & fils auf der schottischen Werft Henderson D+W & Sohn in Auftrag gegeben. Der Stapellauf dieses 110,03 Meter langen und 14,83 Meter breiten Riesen war das Ereignis der Epoche, das noch lange nach dem 2. September 1890 nicht nur in Fachkreisen für Schlagzeilen sorgte. Auf der Jungfernfahrt fuhr die Fünfmastbark, die speziell für die Salpeterfahrt zwischen südamerikanischen Kü-

sten und Europa eingerichtet war, mit 5900 Tonnen Kohle in nur 32 Tagen von Barry nach Rio de Janeiro. Auf einer Reise von England nach Valparaiso im Jahre 1901 geriet das stolze Schiff auf Position 34° S/48° W vor dem Rio de la Plata am 14. Mai in einen Pampero und musste aufgegeben werden. Die gesamte Mannschaft konnte das sinkende Schiff rechtzeitig verlassen und wurde durch den deutschen Viermaster «Hebe» an Bord genommen.

Als Antwort auf die Inbetriebnahme der «France» erteilte kaum ein Jahr später die Deutsche Reederei Rickmers Reismühlen & Schiffbau AG, Bremerhaven, ihrerseits der Werft Russell & Co. in Port Glasgow den Auftrag zum Bau einer Fünfmastbark. Mit ihren 114,47 Metern Länge, 14,63 Metern Breite und einer Grösse von 3822 BRT war die «Maria Rickmers» das grösste jemals auf einer britischen Werft gebaute Segelschiff. Im Gegensatz zu seinem französischen Vorbild, war dieses Schiff für den Reistransport aus dem Fernen Osten vorgesehen. Seine erste Fahrt führte Anfang 1892 mit einer Ladung Kohle nach Singapur, wo es zum grossen Ärgernis der Reederei erst nach 82 Tagen eintraf. Kaum im Fernen Osten angelangt, starb der Kapitän J. Gennerich, worauf der Erste Offizier Wiethoff das Schiff und eine Ladung von 57 000 Sack Reis übernahm. Am 14. Juli 1892 wurde wieder Kurs auf Europa genommen; doch zehn Tage später, kurz nach dem Passieren der Sunda-Strasse, brach jeglicher Kontakt mit der «Maria Rickmers» ab, Schiff und Besatzung mussten als verschollen erklärt werden.

Stetig steigende Nachfrage nach Salpeter auf dem deutschen Markt zwang im Verlauf der achtziger Jahre des vorigen Jahrhunderts die hamburgische Reederei F. Laeisz zur Erweiterung ihrer Transportkapazität, wollte sie ihre gute Position im Salpetergeschäft nicht gefährden. Beflügelt durch die guten Erfahrungen ihrer französischen Konkurrenz, der «France», wurde durch Laeisz 1894 auf der Werft J. C. Tecklenborg in Geestemünde mit der «Potosi» der Startschuss zum Bau des dritten und ersten in Deutschland gebauten Fünfmasters gegeben. Dieses 111,62 Meter lange und 15,10 Meter breite, ebenfalls als Bark getakelte Schiff sollte schon nach kurzer Zeit eines der berühmtesten dieser Klasse werden. Laeisz baute seine Segler nicht in erster Linie als Schnelläufer, sondern als sichere und leistungsfähigere Schiffe. Mit der «Potosi» schien ein optimaler Kompromiss beider Eigenschaften gefunden worden zu sein. So lief das Schiff unter dem Kommando des legendären Kapitäns Hilgendorf während mehrerer Reisen unter 70 Tage bei der Ausreise und um die 75 Tage bei der Heimfahrt. Nach Ausbruch des Ersten Weltkrieges erreichte das Schiff am 23. September 1914 den Hafen von

Nach einer Kollision mit einem britischen Dampfer lief die «Preussen» 1910 auf und musste aufgegeben werden.

Valparaiso, wo es bis 1918 an die Kette gelegt wurde. Nach dem Waffenstillstand wurde der Fünfmaster als Reparationsleistung an Frankreich übergeben. Die Franzosen aber verkauften den Segler an den Chilenen Gonzalez, Soffia in Valparaiso, der die «Potosi» als «Flora» wieder in Fahrt brachte. Am 16. September 1925 brach auf dem mit Kohle vollbeladenen Schiff im Atlantik ein Grossbrand aus. Über Wochen trieb das brennende Wrack des einst stolzen «P-Liner» steuerlos dahin, bis es am 19. Oktober desselben Jahres durch den argentinischen Kreuzer «Patria» versenkt wurde.

Mit dem Beginn des zwanzigsten Jahrhunderts wuchs in Europa zusehends die Nachfrage nach Salpeter, der in der Produktion von Kunstdünger und mit der Zeit in den Munitionsfabriken zur Herstellung von Nitroglyzerin Verwendung fand. Die Salpeterfahrt war hartes Brot und forderte den Seeleuten das Letzte ab. Dauernd steigende Personalkosten und die Forderung nach besseren Arbeitsbedingungen führten laufend zu technischen Verbesserungen, die sich besonders im Güterumschlag und in der Bedienung der Takelage bezahlt machten. Musterbeispiel dieser Entwicklung war die 1902 auf der Werft von J.C. Tecklenborg für F. Laeisz fertiggestellte «Preussen». Sie war und blieb bis heute das grösste jemals gebaute fünfmastige Vollschiff ohne Hilfsmaschinen. Wie bereits die «Potosi» zeichnete sich auch die «Preussen» besonders durch ihre schnellen und regelmässigen Fahrten aus, so dass man bei diesen Schiffen beinahe von fahrplanmässigem Verkehr hätte sprechen können. Am 31. Oktober 1910 verliess die «Preussen» im Schlepp zum letztenmal den Hamburger Hafen. Nur wenige Tage später – am 5. November – kollidierte der Riese in dichtem Nebel mit dem englischen Dampfer «Brighton». Schwer beschädigt, forderte der Segler unverzüglich Schlepphilfe an, doch selbst mit vereinten Kräften konnte das Auflaufen auf den berüchtigten Kreideklippen von Dover nicht verhindert werden.

Trotz der schlechten Erfahrungen mit der «Maria Rickmers» im Jahre 1892 entstand auf der Rickmers-Werft in Bremerhaven für die gleichnamige Reederei die 5548 BRT grosse Fünfmastbark «R.C. Rickmers». Dieser stattliche 125,08 Meter lange und 17 Meter breite Frachtensegler wurde von neu auf mit einer Dreifach-Expansionsmaschine von 1250 PS ausgerüstet, die dem Schiff stets eine Fahrt von sieben bis acht Knoten ermöglichte. Hinter der «Potosi» dürfte die «R.C. Rickmers» einer der erfolgreichsten Fünfmaster der Geschichte sein. Der Segler wurde hauptsächlich für betriebseigene Transporte nach dem Fernen Osten und mit der Zeit zur Schulung des Nachwuchses für die eigene Dampferflotte eingesetzt. Bei Kriegsausbruch 1914 lag das Schiff im walisischen Hafen von Cardiff, wo es durch die Engländer beschlagnahmt und als «Neath» unter britischer Flagge wieder in Betrieb genommen wurde. Am 27. März 1917 geriet die Ex-«R.C. Rickmers» anlässlich einer Heimreise aus Mauritius mit einer vollen Ladung Zucker keine 30 Meilen vor der irischen Küste in die Schusslinie des deutschen U-Bootes 66 und wurde versenkt.

Rund zehn Jahre nach dem Verlust der «France» wurde auf der französischen Werft Chantiers et ateliers de la Gironde, Bordeaux, mit dem gleichen Namen eine weitere Fünfmastbark fertiggestellt. Dieser für die Reederei Prentout-Leblond+Leroux gebaute Frachtensegler war mit seinen 127,60 Metern Länge, 16,96 Metern Breite und einer Grösse von 5633 BRT das grösste jemals gebaute Rahsegelschiff. Eindrucksvoll war jedoch nicht nur seine Rumpfgrösse, sondern auch seine Segelfläche von insgesamt 6350 Quadratmetern, was der Grösse eines mittleren Fussballfeldes ent-

Frachtfahrendes Segelschulschiff «København» 1921.

spricht. Als Einsatzgebiet war für diesen König der Giganten die Verbindung zwischen seinem Heimatland Frankreich und Neukaledonien vorgesehen. Auf den Ausreisen wurde meistens in den rund 7000 Tonnen verschlingenden Laderäumen Kohle und bei der Heimreise Nickelerz befördert. Ende Februar 1917 geriet die «France II» auf einer Reise nach Valparaiso unter Beschuss eines deutschen U-Bootes; doch dank der einbrechenden Nacht konnte sich der Segler mit seinen starken Maschinen in Sicherheit bringen. In der Nacht vom 11. auf den 12. Juli 1922 lief die «France II» rund 60 Meilen vor Neukaledonien bei Coya auf eine Korallenbank auf. Obschon eine Rettung dieses Superseglers nach Meinungen von Fachleuten durchaus möglich gewesen wäre, wurde das Schiff aufgegeben und einem örtlichen Abwrackunternehmen für 2000 Pfund durch die Versicherung überlassen.

Der Bauauftrag für das siebente und letzte mit fünf Masten als Rahsegler getakelte Schiff wurde kurz vor Ausbruch des Ersten Weltkrieges durch die dänische Ostasiatische Kompanie in Kopenhagen an die Werft Ramage + Ferguson Ltd. nach Leith vergeben. Mit dem Eintritt Grossbritanniens ins Kriegsgeschehen wurden die Arbeiten eingestellt, und der noch im Ausbau befindliche Rumpf wurde durch die britische Admiralität beschlagnahmt, um unter dem Namen «Black Dragon» in Gibraltar als stationäres Lager- und Depotschiff eingesetzt zu werden. Trotz des Krieges beharrten die Dänen auf ihrem Auftrag. Am 24. März 1921 konnte in Leith der zweite Rumpf für die «København» von Stapel gelassen werden. Mit rund sieben Jahren Verspätung verliess gegen Ende September des gleichen Jahres das frachtfahrende Segelschulschiff die schottische Hafenstadt in Richtung Dänemark. Zwischen 1921 und 1928 besuchte der Segler fast alle grösseren Häfen unserer Welt. Am 11. September 1928 startete der Fünfmaster «København» zu seiner zehnten Reise mit Zement für Buenos Aires. Da in Argentinien keine Ladung zu kriegen war, wurde das Schiff mit Ballast nach Australien beordert. Am 14. Dezember 1928 lichtete das Schiff zum letztenmal seinen Anker. Eine Woche später empfing der norwegische Dampfer «William Blume» eine Positionsmeldung des Schulschiffes mit dem Hinweis: «An Bord alles wohlauf!» Dies sollte das letzte Lebenszeichen der «København» und ihrer Besatzung sein. Was an Bord um die Weihnachtszeit wirklich passierte, ist bis heute eine offene Frage geblieben. Die Gewissheit ist jedoch unumstösslich, dass mit der «København» nicht nur das Schicksal eines Schiffes und seiner Besatzung, sondern auch das der Epoche der gigantischen fünfmastigen Rahsegler für alle Zeiten besiegelt war.

Viermastbark «Kruzenshtern» ex «Padua»

Erinnerung an die legendären «Flying P Liner»

Als letzte frachtfahrende Viermastbark der Geschichte wurde 1926 auf der Werft von J. C. Tecklenborg in Wesermünde die Viermastbark «Padua» für die grösste hamburgische Privatreederei, F. Laeisz, gebaut. Gründer dieses Schiffahrtsbetriebes war der Buchbindergeselle und angelernte Hutmacher Ferdinand Laeisz, der 1824 von der Wanderschaft nach Hamburg zurückkehrte und sich der Herstellung farbiger Zylinderhüte widmete, die er nach Südamerika exportierte.
Zu dieser Zeit hätte sich Laeisz bestimmt nicht träumen lassen, dass sich aus diesem bescheidenen Beginn bis Anfang dieses Jahrhunderts die legendärste Segelschiffreederei entwickeln sollte. Seine Frachtensegler gehörten weltweit zu den schnellsten und schönsten Segelschiffen jener Zeit. Aufgrund der Haustradition, wonach alle Laeisz-Schiffe einen Namen führen, der mit einem «P» begann, wurden diese Tiefwassersegler allgemein als «Flying P Liner» bezeichnet.

Auch an Laeisz ging der Erste Weltkrieg nicht spurlos vorüber, und was nicht durch Kriegseinflüsse verlorenging, musste die Reederei nach dem Krieg an die Siegermächte aushändigen. Obwohl Laeisz den grössten Teil seiner Schiffe zurückkaufte, entschloss er sich zum Bau der «Padua» als frachtfahrendes Segelschulschiff. Von 1932 bis zum Ausbruch des Zweiten Weltkrieges wurde das Schiff auf der Südamerika- und Australienfahrt eingesetzt. Bei Kriegsende wurde es der UdSSR übergeben, wo es nach dem Umbau zu einem klassischen Segelschulschiff unter dem Namen des berühmten russischen Seemanns und Forschers Adam Johann Ritter von Kruzenshtern wieder in Fahrt gebracht wurde.

Abbildung Seite 24/25

Крузенштерн

Die letzten Neubauten

In den Kriegsjahren 1914 bis 1918 gingen nicht nur zwei Drittel der frachtenfahrenden Grosssegler verloren, auch ein grosser Teil der Werften lag nach dem Krieg in Schutt und Asche. Nicht viel besser war es auch mit der übrigen Industrie bestellt, die sich nur mühsam von ihren Wunden erholte.

Hochkonjunktur herrschte lediglich auf den Abwrackplätzen, wo reihenweise verkommene Frachtensegler den Schneidbrennern und Spitzhakken zum Opfer fielen. Am schlechtesten erging es den Reedereien, die nach den harten Kriegsjahren weder über Geld zum Wiederaufbau noch über genügend Aufträge verfügten. Am schnellsten erholten sich die Deutschen von dieser Krise. So gelang es zum Beispiel der bekannten Hamburger Reederei F. Laeisz zu Beginn der zwanziger Jahre, sechs ihrer besten «P-Liner» wieder in ihren Heimathafen zurückzuholen. Doch nicht genug damit. Obschon die Zeit der «Königinnen der Meere» weltweit totgesagt wurde, entstanden in Deutschland Frachtensegler wie die «Padua», die «Priwall» oder die «Magdalene Vinnen». Der Stapellauf der Viermastbark «Priwall» hatte bereits 1916 stattgefunden; doch infolge des Krieges konnte das Schiff erst 1920 von Laeisz übernommen werden. 1938 wurde mit diesem Segler, der bereits als frachtfahrendes Segelschulschiff in Auftrag gegeben worden war, mit etwas mehr als fünf Tagen die schnellste Kap-Hoorn-Umsegelung aller Zeiten herausgefahren. Bei Ausbruch des Zweiten Weltkrieges blieb das Schiff in der Bucht von Valparaiso, bevor es 1941 der chilenischen Marine überlassen wurde. Im März 1945 ging es mit einer Salpeterladung vor der peruanischen Küste als «Lautaro» durch Feuer verloren.

Die «Kruzenshtern» gehört seit Jahren zu den regelmässigen Teilnehmern an den Windjammerregatten der Sail Training Association.

Kompass

Nagelbank

Brasswinde

Doch nicht nur in Hamburg verstand man es, mit grossen Frachtenseglern umzugehen. Die Bremer Reederei F. A. Vinnen besass bei Ausbruch des Ersten Weltkrieges eine Flotte von zwölf grossen Seglern. Doch auch hier hinterliessen die Kriegswirren breite Lücken, und so entschloss sich die Reederei, bei der Germania-Werft in Kiel ein frachtfahrendes Segelschulschiff mit Hilfsmotor in Auftrag zu geben. Von ihrer Ausstattung her war die

«Magdalene Vinnen» besonders für den Transport von Getreide eingerichtet. Zum Einsatz gelangte der Viermaster hauptsächlich auf den Linien nach Chile und Australien.

1936 wurde das Schiff an den Norddeutschen Lloyd in Bremen verkauft. Unter dem Namen «Kommodore Johnsen» wurde der 3476 BRT schwere Segler für Getreidefahrten auf der Australienlinie eingesetzt. Seine letzte grosse Reise machte er im Frühjahr 1939, als er die Strecke von Port Lincoln nach Queenstown in nur 107 Tagen zurücklegte.

Als letzte frachtfahrende Viermastbark überhaupt wurde 1926 die «Padua» gebaut. Wie unmissverständlich aus ihrem Namen zu schliessen ist, war auch sie ein Spross der legendären «P-Liner» aus Hamburg. Wie die meisten der Laeisz-Segler fuhr auch die «Padua» in der Salpeterfahrt. Später wurde der Segler auch für Weizenfahrten nach Australien eingesetzt. Wie die übrigen nach dem Kriege fertiggestellten Segler war auch die «Padua» als frachtfahrendes Segelschulschiff eingerichtet. Obwohl das Schiff damals noch keinen Hilfsmotor besass, fuhr es mit auffallend gleichmässiger Fahrzeit zwischen Europa und Südamerika. Doch auch für dieses Schiff gab es nicht immer Sonnenschein. 1930 verlor der Viermaster in einem schweren Sturm vier seiner Leute am Kap Hoorn. Nur zwei Jahre später wurde der Segler in Hamburg aus Rentabilitätsgründen aufgelegt. Dank spontaner Unterstützung durch die deutsche Regierung wurde es der Reederei möglich, die «Padua» wieder in Fahrt zu setzen. Die letzte grosse Reise unter deutscher Flagge führte das Schiff 1938/39 von Bremen nach Valparaiso und über Port Lincoln nach Clyde.

Nach dem letzten Krieg gingen die «Kommodore Johnsen» und die «Padua» in den Besitz der UdSSR über, wo sie zu klassischen Segelschulschiffen umgebaut wurden und als «Sedov» und «Kruzenshtern» neu in Betrieb genommen wurden.

Nach vielen Jahren der Ungewissheit besuchte die «Sedov» 1982 in Lissabon wieder einmal ein Windjammertreffen der STA.

Ausbildung auf See

Grundsätzlich kennen wir heutzutage auf See zwei verschiedene Berufslaufbahnen, die zivile bei der Handelsflotte und die militärische bei der Marine. Schon recht früh hat sich heute der angehende Seemann zu entscheiden, welche der beiden für ihn die richtige sein könnte. Je nach seiner Wahl wird auch sein Ausbildungsweg sein, der ihn über eine oder mehrere Seefahrtsschulen schrittweise seinem Ziel näherbringen wird. Diese beiden Ausbildungsmöglichkeiten dürften aber für Matrosen und Unteroffiziere mit wenigen Ausnahmen nicht viel älter als unser Jahrhundert sein.

Jedes Schiff braucht eine Besatzung. An dieser Tatsache hat sich durch all die Jahrhunderte nichts geändert. Über die Art und Weise, wie man zu ihr kommt und mit ihr umgeht, könnte man ganze Bücher schreiben. Als zum Beispiel Christoph Kolumbus Ende des 15. Jahrhunderts den spanischen König überzeugen konnte, seine Entdeckungspläne zu unterstützen, verfügte der abenteuerlustige Genuese weder über Schiffe noch über deren Besatzung. Dieses «Detail» sollte aber dem iberischen Monarchen kein grosses Kopfzerbrechen bereiten. Was an eigenen Schiffen nicht verfügbar war, wurde kurzerhand in Städten mit Steuerschulden «organisiert». Auf ähnliche Weise besorgte man sich eine Mannschaft, und was im letzten Moment noch fehlte, wurde mit Leuten aus den Gefängnissen ausgeglichen. Wie fachkundig ein solch buntgemischter «Sauhaufen» war, braucht an dieser Stelle wohl kaum lange erklärt zu werden. Doch das kümmerte die Herren Offiziere, die mit

«Schulschiff Deutschland» – stationäre Ausbildungsstätte des «Deutschen Schulschiff-Vereins», Bremen.

SCHIFF DEUTSCHLAND

wenigen Ausnahmen immer aus guten Häusern stammten, wenig. Einmal auf See, vertraute man auf Hilfsmittel wie Stock und Peitsche, die sich als ausgezeichnete Lehrmeister erwiesen. Schon bei kleinen Verfehlungen wurde mit aller Härte durchgegriffen, und jede Strafe, die vom Kapitän ausgesprochen wurde, sollte zudem der gesamten Mannschaft als abschreckendes Beispiel dienen. An dieser Ausbildungsmethode sollte sich bis ins 19. Jahrhundert nicht viel ändern.

Erst mit der Schaffung der Kriegsmarinen wurde auch mit einer gezielten Ausbildung begonnen. Natürlich waren diese Schulen lediglich den angehenden Offizieren und höheren Unteroffizieren vorbehalten. In den untersten Decks sollte sich auch hier noch lange nichts ändern. Nach wie vor wurden die Seeleute zum Pöbel gezählt und dementsprechend behandelt.

Die «Dar Pomorza» wurde 1909 als eines der ersten klassischen Segelschulschiffe in Betrieb genommen. Heute liegt sie als Museumsschiff in Gdynia, Polen.

Freiwillige waren selten, und daher wurden Personalprobleme eher auf fragwürdige Weise gelöst. So war es selbst noch im späten 18. Jahrhundert nichts Aussergewöhnliches, dass mancher seinen Rausch unwissentlich im Laderaum eines Schiffes ausschlief und diesen folgenschweren Irrtum erst auf offener See erkannte. Andere wiederum wurden einfach in einer finsteren Gasse mit einem Schlag auf den Kopf zum Mitkommen «überredet».

Erst mit der Zuspitzung des Konkurrenzkampfes auf den grossen Seefahrtsrouten nach dem Mittleren und Fernen Osten sowie Australien wurde auf einmal auch die Auswahl der Besatzung nicht mehr ganz dem Zufall überlassen. Junge Leute, die sich zur See begaben, wurden unter die Obhut eines erfahrenen Seebären gesteckt, wo sie Schritt für Schritt zum Seemann heranwuchsen. Auch wenn sich inzwischen der Seemannsberuf zu

einem achtbaren Berufsstand durchgemausert hatte, wehte selbst noch zur Jahrhundertwende auf den Windjammer allgemein ein rauher Wind. Nicht umsonst wurde oft der Kapitän als «The Man behind God» bezeichnet.

Noch vor wenigen Jahrzehnten erteilten viele seefahrende Nationen nur dann ein Offizierspatent, wenn der Bewerber eine bestimmte Anzahl von Jahren auf einem grossen Segelschiff gefahren hatte. Mit dem Aufschwung der Dampfschiffahrt wurden gegen Schluss des letzten Jahrhunderts geeignete Ausbildungsplätze immer seltener. So wurde im Jahre 1900 von namhaften Reedern und Kaufleuten der Deutsche Schulschiff-Verein gegründet. Durch ihn wurde auch bereits ein Jahr später mit dem dreimastigen Vollschiff «Grossherzogin Elisabeth» das erste klassische Segelschulschiff in Betrieb genommen. Im Gegensatz zu den herkömmlichen Segelschiffen war dieser Segler nicht mehr für den Transport von Waren eingerichtet. 1909 wurde durch denselben Verein mit der «Prinzess Eitel Friedrich» das zweite Segelschulschiff dieser Art in Dienst gestellt. Dieses stählerne Schiff war ebenfalls vollgetakelt und mit drei Masten ausgerüstet.

Wenige Monate vor dem Ausbruch des Ersten Weltkrieges wurde durch den Deutschen Schulschiff-Verein die Dreimastbark «Grossherzog Friedrich August» in den Dienst gestellt. Wegen des Krieges konnten jedoch keine grossen Ausbildungsreisen mehr unternommen werden. Während der Zeit von 1914 bis 1918 wurden alle drei Segler stillgelegt, und wie durch ein Wunder überstanden alle drei diese Kriegsjahre, ohne grossen Schaden zu nehmen. Nach dem Waffenstillstand mussten die «Prinzess Eitel Friedrich» Frankreich und die «Grossherzog August» England als Reparationsleistung überlassen werden. Neuer Besitzer der «Grossherzog August» sollte die Reederei J. Couil & Sons in Newcastle werden, die angesichts der Tatsache, dass mit diesem Schiff keine Fracht befördert werden konnte, nichts mit diesem «Geschenk» anzufangen wusste. 1922 wurde die Bark, die besonders durch ihre eigenartige Mastenstellung auffällt, von der norwegischen Bergen-Dampfschiff-Gesellschaft gekauft, die sie ein Jahr später dem Verband Bergen-Skoleskib als Ersatz für seine ausgediente Korvette «Alfen» als Geschenk überliess, wo sie den Namen «Statsraad Lehmkuhl» erhielt.

Bei der Besetzung Norwegens durch deutsche Truppen wurde der Segler eingezogen und als Depotschiff «Westwärts» von der Reichsmarine in Dienst gestellt. Bei Kriegsende wurde das Schiff dem rechtmässigen Besitzer wieder zurückerstattet, der es erneut auf «Statsraad Lehmkuhl» umbenannte. Seit einigen Jahren werden auf der ehemaligen «Grossherzog August» keine

Arbeitsbeginn an Bord der «Danmark».

Seeleute mehr ausgebildet, dafür steht der Segler seit 1984 zahlenden Gästen als Kreuzfahrtschiff zur Verfügung.

Nicht viel besser sollte es in den Nachkriegsjahren der «Prinzess Eitel Friedrich» unter französischer Flagge ergehen. Die Société Anonyme de Navigation, die den Segler zugesprochen erhielt, hatte vorgesehen, das Vollschiff, das inzwischen auf den Namen «Colbert» umgetauft worden war, später als Schulschiff einzusetzen; sie hatte zum Zeitpunkt der Übernahme bereits mit der ehemaligen «Pola» von Laeisz die Viermastbark «Richelieu» als Schulschiff unter Segeln. So wurde die «Colbert» vorsorglich nach St-Nazaire gebracht und im Hafen aufgelegt. 1926 wurde das Schiff durch den Baron de Forrest erworben, der es als Privatjacht einrichten lassen wollte. Aber auch dieses Projekt wurde nie in die Wirklichkeit umgesetzt. Am zweiten Weihnachtstag des Jahres 1929 verliess die «Colbert» im Schlepp St-Nazaire in Richtung Polen. Auf dem Weg in die Ostsee geriet der Schleppzug in einen schweren Sturm, der beinahe den Verlust des Seglers bewirkt hätte. Dank der rechtzeitigen Hilfe eines zweiten Schleppers konnte der Segler wieder unter Kontrolle gebracht werden. Keinen Monat später wurden auf dem inzwischen auf «Dar Pomorza» umbenannten Schiff, nach einer Unterbrechung von 16 Jahren, wieder Segel gesetzt. Nach einer erfolgreichen Dienstzeit von über fünfzig Jahren wurde die weisse Fregatte, wie man die «Dar Pomorza» auch zu nennen pflegte, 1982 ausser Dienst gestellt und in Gdynia als Erinnerungsstück im Hafen aufgelegt.

Nach dem Ersten Weltkrieg musste beim Deutschen Schulschiff-Verein gezwungenermassen der Betrieb mit einem einzigen Schiff, der «Grossherzogin Elisabeth», aufgenommen werden. Wie bereits in den Vorkriegsjahren wurden bald wieder über die Sommermonate Ausbildungsreisen in der Nord- und der Ostsee durchgeführt, während die Ausbildungsreisen in den Wintermonaten vermehrt Häfen in Südafrika oder Lateinamerika zum Ziele hatten.

Mit der steigenden Nachfrage nach Ausbildungsplätzen wurde in der zweiten Hälfte der zwanziger Jahre durch den Verein bei der Werft J.C. Tecklenborg in Bremerhaven mit dem «Schulschiff Deutschland» das vierte und letzte Segelschiff in Auftrag gegeben. Seine erste grosse Reise begann im September 1927 mit Ziel Südamerika.

Kurz vor dem Ausbruch des Zweiten Weltkrieges wurde die «Grossherzogin Elisabeth» nach einer Dienstzeit von 44 Jahren an die Deutsche Seemannsschule in Hamburg abgegeben. Gar lange konnten sich die neuen Besitzer über dieses Schiff nicht erfreuen, musste es doch 1945 als Reparationsleistung – wie die «Prinzess Eitel Friedrich» nach dem Ersten Weltkrieg – an Frankreich abgegeben werden. Nach einer langen Liegezeit in den Häfen von Lorient und Brest als «Duchesse Anne», bis auf die Untermasten abgetakelt, soll nun das Schiff neu aufgebaut und als Museumsschiff in Dünkirchen aufgelegt werden.

Kurz vor Ausbruch des Zweiten Weltkrieges kehrte das «Schulschiff Deutschland» von seiner letzten grossen Ausbildungsreise in die Heimat zurück. In den Wintermonaten 1939/40 wurde der Segler in Elsfleth in der Nähe von Bremen aufgelegt. Trotz des Krieges setzte der Verein alles daran, den Schulbetrieb teils stationär, teils auf kurzen Ausbildungsreisen in der Ostsee aufrechtzuerhalten. Noch vor Ende des Krieges wurde das Schulschiff zum Lazarettschiff umfunktioniert, was es vor der Beschlagnahme durch die Alliierten bewahrte. Zwischen Juni 1945 und August 1946 blieb das Vollschiff ohne Verwendungszweck in Lübeck liegen. Im Schlepp gelangte es nach Cuxhaven und später nach Bremen, wo der Segler als Wohnschiff und Jugendherberge eingesetzt wurde. Im Frühjahr 1952 richtete der Deutsche Schulschiff-Verein darauf eine stationäre Schiffsjungenschule ein. In dieser Zeit stellte sich wiederholt die Frage, das als guter Segler bekannte Schiff wieder in Fahrt zu setzen. Diese Idee vermochte sich zum Bedauern vieler Fachleute im Deutschen Schulschiff-Verein nicht durchzusetzen. Seit 1956 liegt das «Schulschiff Deutschland» in der kleinen Weser in Bremen unmittelbar vor der Seemannsschule, der sie als stationäres Schulschiff angehört.

Gustav Eriksons Weizenflotte

Mit dem Ausbruch des Ersten Weltkrieges stieg auch die Nachfrage an Salpeter. Dieses Rohmaterial, das ursprünglich in der Landwirtschaft benötigt wurde, musste plötzlich bei der Sprengstoffproduktion verwendet werden. Kurzfristig wurden in Frankreich und England, die beim Ausbruch des Krieges über ungenügende Salpetervorräte verfügten, die Frachtensegler beschlagnahmt und für die Munitionsfabriken auf grosse Fahrt geschickt. Doch die deutschen Unterseeboote waren auf der Hut, und gar mancher Segler wurde für sie zur leichten Beute. Als schliesslich 1918 im verwüsteten Europa der letzte Schuss verhallte, waren zwei Drittel der grossen Frachtensegler auf Grund gegangen oder durch die Kriegseinflüsse so stark in Mitleidenschaft gezogen worden, dass an eine Wiederinstandstellung nicht mehr zu denken war. Aber auch den deutschen Reedern ging es nicht viel besser. Obschon sich zahlreiche Schiffe noch rechtzeitig in neutrale Häfen hatten retten können, wurden die meisten von ihnen nach dem Krieg auf die Siegermächte zur Tilgung der Kriegsschulden aufgeteilt.

In dieser Zeit war auf der wenige Seemeilen vor Stockholm gelegenen finnischen Insel Aland in Sachen Windjammer einiges in Bewegung geraten. Im Jahre 1913 hatte sich in Mariehamn Kapitän Gustav Erikson niedergelassen. Zusammen mit einigen Freunden hatte er die Schonerbark «Tjerimai» übernommen und eine Reederei gegründet, die in wenigen Jahren zur bekanntesten der Insel werden sollte. Bereits im Herbst des Gründungsjahres wurde die deutsche Viermastbark «Renée Rickmers» angekauft und als «Aland» in Betrieb genommen. Noch vor Ablauf eines Jahres strandete das Schiff mit Ballast am 20. August 1914 auf einem Riff vor Neukaledonien

Die «Pommern» ist das letzte frachtfahrende Segelschiff, das uns im Originalzustand erhalten geblieben ist.

POMMERN

und ging verloren. Nach diesem Verlust unterliess es Erikson, je wieder ein Schiff umzutaufen, es sei denn wieder auf seinen ursprünglichen Namen.

Mit Beginn der zwanziger Jahre war weltweit der Bestand an grossen Frachtenseglern bis auf einen kleinen Bruchteil zusammengeschrumpft, und die verbleibenden Einheiten besassen in der Regel nur noch Schrottwert. Diese Gelegenheit liess sich Erikson nicht entgehen, und binnen kürzester Zeit hatte der Finne eine bemerkenswerte Flotte zusammengestellt. Erikson wusste genau, worum es ging. Sein oberstes Gebot war Sparsamkeit. Er beschäftigte ein Minimum an Personal, und alle wichtigen Entscheidungen wurden durch den «Boss» persönlich gefasst. Zudem segelten alle seine Schiffe unversichert. Die Versicherungssumme für die gesamte Flotte hätte jährlich den Wert von nahezu zwei Seglern ausgemacht. Da Gustav Erikson grossen Wert auf den Unterhalt seiner Schiffe legte, hatte sich der Finne selten über Havarien oder Totalverluste zu beklagen. Nicht zu vergessen in dieser Rechnung war, dass die Heuern in Finnland niedriger waren als zum Beispiel in Deutschland. Trotz dieser spartanischen Sparpolitik hatte sich Erikson nie über Personalprobleme zu beklagen, ganz im Gegenteil! Immer wieder fand er junge Leute, die eine Karriere als Seeoffizier ins Auge gefasst hatten und froh waren, auch ohne Entgelt einen Ausbildungplatz auf einem Frachtensegler gefunden zu haben.

Die legendäre Flotte wurde weitgehend in der Weizenfahrt zwischen Australien und britischen Häfen eingesetzt. Wegen fehlender Ladung für Südamerika oder Australien erfolgten viele Ausreisen nur mit Ballast. Auf den Heimreisen wurden nicht selten Wettfahrten ausgetragen, die in der Fachwelt grosse Beachtung fanden. 1937 nahmen an einem dieser Rennen nicht weniger als elf Schiffe der Erikson-Flotte teil.

Mit dem Ausbruch des Zweiten Weltkrieges sollten aber auch bald einmal die Tage der Erikson-Segler gezählt sein. Am 8. September 1939 fuhr die Viermastbark «Olivebank» auf eine Mine und sank. Nach Kriegsende waren von der einst so erfolgreichen Flotte nur noch die «Pamir», «Passat», «Moshulu», «Viking» und «Pommern» erhalten geblieben. Die «Pamir» und die «Viking» nahmen nach 1945 nur noch einmal unter finnischer Flagge Kurs auf Australien. Die «Passat» brachte es noch auf zwei Passagen.

Tiefwassersegler in einem neuseeländischen Hafen.
Unten: Erinnerung an die letzten «Weizenrennen».

Von der «Amazone» zur «Gorch Fock»

Schon im Gründungsjahr der preussisch deutschen Marine Mitte des 19. Jahrhunderts wurde für die Ausbildung von Schiffsjungen und angehenden Marineoffizieren und Unteroffizieren ein Segelschulschiff in den Dienst gestellt. Es handelte sich dabei um die 1842/43 in Stettin für die Handelsschifffahrt gebaute «Amazone». Das 33 Meter lange, mit 12- und 18-Pfündern bewaffnete Schiff wurde vorwiegend in der Ost- und Nordsee eingesetzt, wo es Mitte November 1861 mitsamt seiner 106 Mann starken Besatzung verlorenging. Nur ein Jahr später wurde die «Amazone» durch das Vollschiff «Niobe» ersetzt. Insgesamt hat die preussische Marine bis 1890 noch vier weitere segelgetriebene Schulschiffe in den Dienst gestellt. Diese Tradition wurde auch von der Kaiserlichen Marine übernommen, die bis 1908 verschiedene Korvetten für diesen Zweck einsetzte. Nach dem Ersten Weltkrieg begann die Reichsmarine schon 1921 erneut mit der Segelschulschiff-Ausbildung. Hierfür wurde die zur Bark umgebaute «Niobe» in Dienst gestellt, die bis zu ihrem tragischen Untergang im Fehmarnbelt 1932 den Kadetten als Ausbildungsstätte diente. Nach diesem erneuten Verlust eines Schulschiffes wurde unverzüglich eine Kommission eingesetzt, die binnen kürzester Zeit neue Bauvorschriften zu erlassen hatte, damit sich solche Unfälle mit Segelschulschiffen nicht mehr ereignen sollten.

Auf Grund dieser Studien wurde noch im gleichen Jahr mit dem Bau der «Gorch Fock» begonnen. Das Schiff wurde für die höchste Klassifizierung von Lloyd ausgestattet. Alle Decks bestanden durchgehend aus Stahlplatten, die mit 6 cm starken Teakplanken belegt wurden. Auch der Plazierung von Dunst- und Lüftungsrohren wurde erhöhte Beachtung ge-

Die «Eagle» der US Coast Guard wurde 1936 als «Horst Wessel» in Hamburg gebaut.

schenkt. Mit der gleichen Abmessung wurde das Schiff noch einmal als «Mircea» für Rumänien nachgebaut. Bis 1939 machte die «Gorch Fock» ausgedehnte Ausbildungsreisen, bevor sie im Mai 1945 vor Stralsund durch ihre eigene Mannschaft versenkt wurde. 1948 hob und barg die UdSSR das Schiff, um es 1951 als «Towarischtsch II» wieder in Betrieb zu nehmen.

Zwischen 1936 und 1939 wurden bei Blohm & Voss in Hamburg mit der «Horst Wessel», der «Albert Leo Schlageter» und der «Herbert Norkus» noch drei weitere Segler der Gorch-Fock-Klasse gebaut. Im Gegensatz zu der «Horst Wessel» und der «Albert Leo Schlageter», die bis zum Ausbruch des Ersten Weltkrieges noch ausgedehnte Ausbildungsreisen unternahmen, wurde die «Herbert Norkus» nie fertiggestellt. Kurze Zeit nach

Toppsegelschoner «Jadran».
Dieses Schiff entspricht weitgehend der 1932 gesunkenen «Niobe».
23. August 1958, Stapellauf der «Gorch Fock II»
bei Blohm & Voss in Hamburg.

Die Bark «Mircea» der rumänischen Seefahrtsschule.

Kriegsausbruch musste der Segler vorzeitig vom Stapel gelassen werden, da die Hellingen dringend für den Bau von Unterseebooten gebraucht wurden. Nach Kriegsende wurden alle drei Schiffe durch die Alliierten beschlagnahmt und den USA als Reparationsleistung überlassen. Während die «Horst Wessel» als «Eagle» bei der amerikanischen Küstenwache eingesetzt wurde, verkaufte man die «Albert Leo Schlageter» nach Brasilien. Heute fährt das Schiff unter portugiesischer Flagge als «Sagres II». Ursprünglich hatte man vorgesehen, auch die «Herbert Norkus» via USA nach Brasilien zu verkaufen. Doch noch vor dem Abtransport musste festgestellt werden, dass wegen verschiedener Bombenschäden es sich nicht mehr lohnte, das Schiff wieder instand zu stellen. Statt dessen wurde die Hulk mit einer Ladung giftiger Gasmunition in den Skagerrak gefahren und versenkt.

Doch nicht allein in Deutschland begann man sich in den zwanziger und dreissiger Jahren auf den Wert einer Ausbildung auf Segelschiffen zurückzuerinnern. So wurden in dieser Zeit in ganz Europa und in Japan umgebaute Frachtensegler sowie rund zwei Dutzend neue Schiffe als klassische Segelschulschiffe in Betrieb genommen.

Der Stolz der Bundesmarine: die «Gorch Fock II».

Vollschiff (3-Mast) «Danmark»

Klassisches Segelschulschiff der Vorkriegsjahre

Dänemark kann auf eine reiche Segelschulschifftradition zurückblicken. Nach dem Verkauf der Viermastbark «Viking» (gebaut 1906) nach Schweden im Jahre 1929 und dem tragischen Verlust der 1921 erbauten Fünfmastbark «København» kurz vor Weihnachten des Jahres 1928 auf der Fahrt zwischen Südamerika und Australien wurde Ende 1932 das Vollschiff «Danmark» in Auftrag gegeben. Wie seine beiden Vorgängerinnen dient dieses Segelschulschiff zur Ausbildung von Offiziersanwärtern für die dänische Handelsmarine.

Wenige Monate vor Kriegsausbruch im Jahre 1939 begab sich die «Danmark» gemeinsam mit dem norwegischen Schulschiff «Christian Radich» zu einem offiziellen Besuch der Weltausstellung nach New York. Dort wurde der Kapitän von der Nachricht des Kriegsausbruchs überrascht. Das Kommando des Dreimasters wurde von der Heimat angewiesen, kein unnötiges Risiko einzugehen und in den USA zu bleiben. Vorübergehend verlegte man das Schiff von New York nach Jacksonville in Florida, wo es bis zum Eintritt der USA ins Kriegsgeschehen aufgelegt blieb. Mit der Kriegsbeteiligung der USA wurde die «Danmark» als Ausbildungsschiff der U. S. Coast Guard in New London im Staate Connecticut zur Verfügung gestellt. Ende 1945 kehrte die «Danmark» in ihre Heimat zurück, wo sie schon wenige Monate später mit eigenen Kadetten in See ging. Heute dauert die Ausbildungszeit an Bord der «Danmark» rund ein halbes Jahr. Wegen der besseren Witterungsverhältnisse liegt der dänische Segler von Mitte Dezember bis Mitte Januar in einem Mittelmeerhafen in Italien.

Abbildung Seite 46/47

Und sie fuhren nie wieder hinaus!

Bei Ausbruch des Zweiten Weltkrieges wurden die meisten Segelschulschiffe sowie die wenigen noch erhaltenen Frachtensegler an die Kette gelegt. Obschon sich die meisten von ihnen noch rechtzeitig in neutrale Häfen retten konnten, war es nicht zu vermeiden, dass, wie bereits im Ersten Weltkrieg, zwischen 1939 und 1945 abermals ein grosser Teil durch Kriegseinflüsse verlorenging. Doch nach den Kriegsjahren folgte für diese aufwendigen Schiffe gleich der nächste Tiefschlag! In weiten Teilen von Europa lag die ganze Industrie buchstäblich am Boden. Wer sollte in einer solchen von Leid und Elend beherrschten Zeit Geld für Segelschiffe auslegen können. Besonders bitter sah die Endabrechnung für die Deutschen aus, die bis auf das Schulschiff «Deutschland» alle übrigen grossen Segelschiffe den Alliierten zur Tilgung der Kriegsschulden überlassen mussten.

Doch wie bereits nach dem Ersten Weltkrieg konnten einige eingefleischte Seebären nicht tatenlos zusehen, wie ihre geliebten Windjammer auf den Schrottplätzen respektlos für die Schmelzöfen zurechtgemacht wurden. Fast aus dem Nichts entstanden abermals verschiedene Interessengemeinschaften und Stiftungen, um zu retten, was noch zu retten war. Zu diesen Organisationen gehörte auch die Reederei Schliewen aus Lübeck, welcher es nicht entging, dass 1950 die beiden Laeisz-Veteranen für den Abbruch nach Antwerpen verkauft worden waren. Dank sofortiger Intervention konnte dieses Vorhaben rechtzeitig verhindert werden, und nur wenige Monate später gingen beide Schiffe am 1. Juni 1951 endgültig wieder in deutschen Besitz zurück, um mit staatlicher Hilfe als frachtfahrende Segelschulschiffe einge-

Die Viermastbark «Pamir» im Hafen von Hamburg anlässlich ihrer letzten Revision bei Blohm & Voss.

richtet und betrieben zu werden. Nach erfolgten Umbauarbeiten in der Höhe von 2,5 Millionen DM (dies allein für die «Pamir») wurde beiden Schiffen durch den Germanischen Lloyd die höchste Versicherungsklasse +100A1 zugesprochen, bevor sie nach erteilter Fahrerlaubnis wieder auf grosse Fahrt gingen. Nach zwei Südamerikapassagen erfolgte nicht ganz unerwartet erneut ein Stillstand. Wegen Vermögensverfall der Reederei wurden beide Segler beschlagnahmt und versteigert. Neue Besitzerin wurde vorübergehend eine norddeutsche Bank. Danach schlossen sich 40 deutsche Reeder zu einem Konsortium zusammen und gründeten die Stiftung «Pamir und Passat» mit Sitz in Lübeck. Mit vereinten finanziellen Kräften der Bundesländer Schleswig-Holstein und Hamburg sowie der Stiftung, welche im Dezember 1954 genehmigt wurde, konnte der Betrieb mit den letzten zwei frachtfahrenden Segelschulschiffen wieder aufgenommen werden, und nur wenige Wochen später hatten beide Segler wieder Kurs auf Südamerika genommen. In Intervallen von sechs Monaten wurden regelmässig die Häfen von Montevideo oder Buenos Aires angelaufen.

PASSAT
LÜBECK

Anlässlich ihrer sechsten Reise verliess die «Pamir», mit einer Ladung von 3780 t zum grössten Teil loser Gerste, am 10. August 1957 zum letztenmal den Hafen von Buenos Aires. Bis zum 6. September verlief die Fahrt ohne nennenswerte Vorkommnisse, abgesehen davon, dass mangels günstigen Windes viel mit dem Hilfsmotor gefahren werden musste. Am 19. des gleichen Monats wurde die «Pamir» von der Mannschaft des deutschen Motorschiffes «Brandenstein» gesichtet. Der Segler fuhr mit Maschinenkraft auf nördlichem Kurs und hatte nur wenige Segel gesetzt. Vom 20. September an konnte endlich der Motor abgestellt und die Fahrt unter vollen Segeln fortgesetzt werden. Am andern Morgen verbreitete sich kurz nach acht Uhr die Funknachricht an Bord, dass sich die «Pamir» auf Kollisionskurs mit dem Hurrikan «Carrie» befinde. Aus unerklärlichen Gründen wurde mit deutscher Beharrlichkeit auf gleichem Kurs weitergefahren! Kaum zwei Stunden später befand sich der Viermaster in einem Hexenkessel, aus dem es kein Entrinnen mehr gab. Trotz höchstem Einsatz war es der Mannschaft nicht mehr möglich, sämtliche Segel rechtzeitig zu bergen. Um 13.36 Uhr empfing die «Penn Trader» folgenden Funkspruch: – «Viermastbark ‹Pamir› treibt in schwerem Hurrikan, ohne Segel auf Pos. 35.57N/40.20W, Schiffe in der Nähe Position angeben!» – Um 14.00 Uhr empfing dasselbe Schiff den ersten SOS-Notruf des Schulschiffes. Die Schlagseite des Seglers wurde immer bedrohlicher, und ständig brachen über fünf Meter hohe Wellen über die Decks. Inzwischen blieb der Neigungsanzeiger auf der 40°-Marke stehen. Durch die Lüftungs- und Dunstrohre begann unaufhaltsam Seewasser einzudringen. 14.57 Uhr wurde von der «Pamir» der letzte, im vollen Wortlaut verständliche SOS-Notruf abgegeben. Wenige Minuten später trieb der Segler nur noch in Seitenlage. Langsam begann die Bark durchzukentern, und kurze Zeit später, kieloben dahintreibend, entwich die restliche Luft laut zischend, bevor der stählerne Rumpf wie ein Wal über den Bug in der vom Sturm gepeitschten See gänzlich verschwand. Trotz der unverzüglich eingeleiteten Suchaktion, an der sich 74 Schiffe aus 15 Nationen beteiligten, konnten von den 86 Besatzungsmitgliedern lediglich sechs gerettet werden.

Noch während die seemännischen Ermittlungen über den Untergang der «Pamir» in vollem Gange waren, geriet auf der gleichen Strecke ihre

Die Viermastbark «Passat»,
seit 1960 Museumsschiff am Priwall in Travemünde.

der gleichen Stiftung angehörende Halbschwester «Passat» mit 3950 t Gerste ebenfalls in Seenot. Auch auf diesem Schiff war bei Windstärken zwischen 7 und 12 die Ladung ins Rutschen gekommen. Mit etwas mehr Glück gelang es dem Kapitän, durch das Fluten der Tieftanks sein Schiff, das über 24 Stunden mit bis zu 60° Schlagseite in der Wasserhölle des Nordatlantiks trieb, wieder aufzurichten. Aus Sicherheitsgründen wurde daraufhin beschlossen, die Heimreise nach Hamburg zu unterbrechen und direkt Lissabon als Nothafen anzulaufen. Am 8. Dezember kehrte der Segler mit voller Ladung in seinen eigentlichen Bestimmungshafen zurück. Nach zweijähriger Liegezeit in der Hansestadt an der Elbe wurde das Schiff an die Stadt Lübeck verkauft, welche die Bark als stationäres Ausbildungsschiff für seemännischen Nachwuchs und als Wellenbrecher für den Kleinbootshafen am Priwall in Travemünde auflegte. Mit dem Verlust der «Pamir» und der unglücklichen Heimreise der «Passat» Ende 1957 fand eine glorreiche Epoche, die der Frachtensegler, ein tragisches Ende.

Schiffe von gestern für die Seefahrt von morgen

Kaum ein Jahr nachdem sich in Europa der letzte Pulverdampf des Zweiten Weltkrieges verflüchtigt hatte, wurde in Cadiz für die spanische Marine nach den Plänen der 1927 gebauten «Juan Sebastian De Elcano» eine weitere Viermast-Barkentine auf der Werft Messrs. Echevarrieta y Larrinaga in Auftrag gegeben. Während der Bauarbeiten brach auf der Werft ein Grossbrand aus, der einen grossen Teil der angehenden «Juan D'Austria» mitzerstörte. Dieser Zwischenfall verzögerte darauf den Stapellauf dieses Seglers bis ins Jahr 1952. Er könnte zudem auch mit ein Grund gewesen sein, dass der Auftraggeber auf die Übernahme dieses Schiffes verzichtete. Neue Besitzerin wurde die chilenische Marine, die das Schulschiff 1954 als «Esmeralda» für die Ausbildung ihres Offiziersnachwuchses in Dienst stellte. Inzwischen hatte auch die junge Deutsche Demokratische Republik mit der stilechten 41 Meter grossen Brigantine «Wilhelm Pieck» in Warnemünde einen Schulsegler in Fahrt gebracht, als ein weiterer südamerikanischer Staat in Sachen Windjammer erneut Schlagzeilen machte. «Fregata A. R. A. Libertad» nannte sich der jüngste auf der argentinischen Staatswerft in Rio Santiago gebaute Spross und liess sich mit seiner beachtlichen Länge von 103 Metern und einer Besegelung von 2643 m² gleich als für diese Zeit grösstes als Vollschiff getakeltes Segelschiff für Argentinien ins Seefahrtsregister eintragen.

Mit dem Aufbau der deutschen Bundesmarine erinnerte man sich auch recht bald wieder an die grosse Seefahrtstradition der Vorkriegsjahre. So erfolgte am 6. März 1958 auf der legendären Hamburger Werft Blohm & Voss die Kiellegung für die «Gorch Fock II». Als Vorlage dienten einmal mehr die Zeichnungen ihres Schwesterschiffes aus dem Jahre 1933, welche lediglich den neusten nautischen Erkenntnissen und Erfahrungen angepasst wurden. Zudem wurde der Rumpf von ursprünglich 82,10 Metern wie bereits bei der «Eagle / ex Horst Wessel», der «Sagres II / ex Leo Schlageter» und der «Herbert Norkus» auf 89,6 Meter gestreckt. Grösstmögliche Sicherheit war oberstes Gebot. Durch entsprechende Stauung von Festballast wurde eine optimale Stabilität erreicht, was den Schiffen die höchste Sicherheitsklasse des Germanischen Lloyd, + 100A4, einbrachte. Zusammen mit den beiden kleineren Schwesterschiffen «Mircea» und der «Towarischtsch / ex Gorch Fock I» sind heute noch fünf Schiffe unter Segeln. Einzigartiger Höhepunkt in der nicht ganz unbewegten Geschichte dieser Segelschulschiffe dürfte die STA-Windjammerregatta von 1976 gewesen sein, bei der sie auf der 635 Meilen langen Strecke von Bermuda nach Newport USA gemeinsam um die von der Werft in Hamburg gestiftete «Five Sisters Trophy» segelten.

In den Jahren zwischen 1967 und 1982 entstanden auf der spanischen Werft Astilleros Talleres Celaya S. A. in Bilbao vier weitere Segelschulschiffe, die alle von lateinamerikanischen Ländern für die jeweiligen Kriegsmarinen in Auftrag gegeben worden waren. Es handelte sich dabei um die: *«Gloria»,* Kolumbien, 1967/68, *«Guayas»,* Ecuador, 1977, *«Simon Bolivar»,* Venezuela, 1980, *«Cuauhtémoc»,* Mexiko, 1982. Letztere erhielt ihren etwas schwer auszusprechenden Namen nach dem letzten Aztekenkaiser, der 1525 auf Geheiss des Spaniers Fernando Cortes erhängt worden war.

Die Bark «Guayas» der Kriegsmarine von Ecuador.

Windjammer – Nostalgie oder Notwendigkeit?

Wie auf allen anderen Gebieten ist in den letzten Jahrzehnten die Entwicklung auch in der Seefahrt nicht stehengeblieben. Elektronik, Satellitennavigation und hochtechnisierte automatische Ruderanlagen haben einen Stand erreicht, der von einem Marineoffizier immer mehr akademische Fähigkeiten abverlangt. Geblieben ist lediglich das Element, in dem sie sich bewegen – die See. Damit ist aber nicht nur Wasser zu verstehen, sondern alle natürlichen Gesetze wie Strömungen, Wind und Wellen und sonstige Wettereinflüsse. Sicher kann ein grosser Teil der theoretischen Ausbildungen irgendwo in einem Schulzimmer an Land vermittelt werden, für das Sammeln von praktischen Erfahrungen bleibt jedoch nach wie vor der Einsatz auf hoher See. Auch die praktische Ausbildung könnte auf einem beliebigen Motorschiff durchgeführt werden; doch trotz der gewaltigen Entwicklung auf dem Schiffbausektor wurde bis heute kein geeigneteres Wasserfahrzeug entwickelt als das Segelschulschiff. Da stehen keine leistungsstarken Dieselmotoren zur Verfügung, die ungünstige Strömungen oder Wellengang einfach mit dem Vorschieben des Leistungshebels wieder ausgleichen könnten. Zudem müssen auf einem Segelschulschiff alle Manöver von «Hand» gefahren werden, was dem angehenden Seemann vor Augen führt, welch immense Kräfte auf ein Schiff einwirken, die aus einem modernen Motorschiff von der sechs bis acht Stockwerke über dem Wasser gelegenen, vollklimatisierten Kommandobrücke kaum mehr richtig wahrgenommen werden. Ihre Wirkung ist aber ungefähr die gleiche, und im entscheidenden Moment falsch eingeschätzt, kann sie auch für den perfektesten Ozeanriesen verheerende Folgen haben.

Den angehenden Marineoffizieren wird während ihres Lehrganges auf einem Segelschulschiff nicht nur ein reiches Fachwissen vermittelt, sondern es wird auch grosser Wert auf die Erziehung des Charakters gelegt. Durch die harte Arbeit in der Takelage, auf Rahen bis zu 35 Meter über dem Wasserspiegel, wird einem Seemann besonders bei stürmischem Wetter, bei Nacht und eisiger Kälte das Äusserste abverlangt. So lernt er selber die Angst

überwinden und die Grenzen seiner Leistungsfähigkeit erkennen. Ausserdem wird auf diese Weise sein Verantwortungsgefühl für sich und seine Kameraden geweckt. Schon bald wird er nämlich selber erkennen, dass nur im Team gefahren werden kann. Nicht zu unterschätzen ist auch das Leben an Bord eines solchen Schiffes. Wenn manchmal ein Schiff – ganz besonders ein Segelschiff – mit der grenzenlosen Freiheit in Verbindung gebracht wird, kann dies nur als verfälschtes Klischeedenken abgetan werden. In Wirklichkeit beschränkt sich die «grosse» Freiheit auf Länge mal Breite des betreffenden Schiffes, und einmal auf See, gibt es kein Entrinnen mehr, und man sitzt im wahrsten Sinne des Wortes «im selben Boot». Nicht selten sind die Kadetten noch in Hängematten auf engstem Raum untergebracht, und der eigentliche Lebensraum eines einzelnen schwankt zwischen zwei bis vier Quadratmetern. Unter solchen Bedingungen ist ein erträgliches Leben nur durch Einhaltung einer strikten Ordnung und Selbstdisziplin möglich. Die auf diese Weise gemachten Erfahrungen bilden noch heute für jeden angehenden Kapitän ein unersetzliches Rüstzeug, das er sich nur auf einem «Windjammer» aneignen kann.

Bei einem Kapitänswechsel auf dem Segelschulschiff «Gorch Fock» meinte der erfolgsgewohnte Kapitän Hans Freiherr von Stackelberg auf die Frage eines Journalisten, ob Segelschulschiffe in unserer hochtechnisierten Zeit überhaupt noch ihre Daseinsberechtigung haben: «Sicher wird das Fehlen eines Segelschulschiffes nicht gleich das Ende einer seefahrenden Nation bedeuten. Doch lassen Sie mich diese Frage anhand eines Beispieles erklären; wenn Sie einen Nagel einschlagen wollen, können Sie dies mit einem Stein, einer Zange oder einem beliebigen festen Gegenstand tun. Sollten Sie jedoch für diese Arbeit einen Hammer benützen können, werden Sie keinen Augenblick zögern, diesen zu benützen. So sollte es auch in der Frage über den Einsatz eines Segelschulschiffes betrachtet werden.»

Für die Schiffsjungen gibt es immer Arbeit auf einem Schulschiff, sei's bei der praktischen Anwendung oder in der theoretischen Ausbildung.

Diplomaten in Weiss

Wer selber stolzer Besitzer eines Segelschiffes ist, dem dürfte es bestimmt nicht schwerfallen sich vorzustellen, was der Unterhalt und Betrieb eines dieser grossen Segelschulschiffe kostet – es geht in die Millionen! So ist es nicht verwunderlich, dass solche «Windjammer» fast ausschliesslich von staatlichen oder halbstaatlichen Organisationen wie Kriegsmarinen oder Seefahrtsschulen betrieben werden. Somit überrascht es nicht, dass diese überaus ästhetischen Schulschiffe auch zu reinen Repräsentationszwecken zur Aufrechterhaltung oder Aufnahme von politischen oder wirtschaftlichen Beziehungen eingesetzt werden.

Vollschiff (3-Mast) «Dar Mlodziezy»

Tradition und Fortschritt

Seit 1956 lädt die STA (Sail Training Association) alle zwei Jahre die grossen Segelschulschiffe zu Regatten ein. Auf der Jungfernfahrt nahm das neue polnische Schulschiff «Dar Mlodziezy» 1982 am Rennen, das von Falmouth an der englischen Südküste nach Lissabon, Vigo und Southampton führte, teil. Sie löste damit das 1909 in Hamburg bei Blohm & Voss gebaute und über ein halbes Jahrhundert unter polnischer Flagge fahrende Vollschiff «Dar Pomorza» ab. Polens Segelschulschifftradition ist eng mit der Geschichte ihrer staatlichen Seefahrtsschule und der Entwicklung ihres Ostseehafens Gdynia verbunden. So konnte bei der Kiellegung der «Dar Mlodziezy» auf der staatseigenen Werft von Gdansk gleichzeitig das 50-Jahr-Jubiläum der «Dar Pomorza», die in 101 Ausbildungsreisen über eine halbe Million Seemeilen zurücklegte, 370 Häfen in fünfzig Ländern besuchte und dabei für 13 000 angehende Marineoffiziere als Ausbildungsstätte diente, sowie das 60-Jahr-Jubiläum ihrer «Wysza Szkola Morska» begangen werden. Die «Dar Mlodziezy», was zu deutsch «Geschenk der Jugend» bedeutet, ist nicht nur eines der neuesten, sondern auch modernsten Segelschulschiffe. Wenn es auf Distanz auch wie ein herkömmlicher Windjammer aussieht, so ist es von seiner Einrichtung und Ausstattung, vom Motorenraum bis zur Kommandobrücke doch mit einem modernen Motorschiff zu vergleichen. Verschwunden sind auf ihm die kunstvollen Zubehörteile aus der Jahrhundertwende, und selbst anstelle der legendären Ruderhaspeln wurde einer elektrisch-hydraulischen Ruderanlage der Vorzug gegeben.

Abbildung Seite 60/61

DAR MŁODZIEZY

Die Zukunft hat bereits begonnen

Im Verlauf der sechziger Jahre entstanden weltweit eine ganze Reihe kleinere Segelschulschiffe, die wohl die gleiche Aufgabe wie ihre majestätischen Artgenossen zu erfüllen versuchen, auf die jedoch nach Meinung vieler Fachleute die Bezeichnung «Windjammer» nur bedingt angewendet werden kann. Ohne ihre Aufgabe schmälern zu wollen, würde es den Rahmen dieses Buches sprengen, wollte man auch nur rein oberflächlich auf sie alle eingehen. Trotzdem möchten wir von der Zukunft der kleineren Segelschulschiffe sprechen. Nicht vergessen wollen wir die 1980 auf der Lenin-Werft von Gdansk gebaute Barkentine «Pogoria». Dieser gefällige, 47 Meter lange Dreimaster, der mit einer Besatzung von 10 bis 60 Mann gesegelt werden kann, war von Anfang an als Pilotprojekt für eine spätere, kleinere Serienproduktion gedacht. Eigentümer der «Pogoria» ist der Verein der Eisernen Schäkel, dessen Wahrzeichen gross auf allen Rahsegeln gefahren werden. Zwischen 1980 und 1985 wurden mit dem Schiff zahlreiche Ausbildungsreisen und Charterfahrten unternommen. Unter anderem segelte die «Pogoria» im ersten Winter im Auftrag der Akademie der Wissenschaft ins Südpolarmeer, um einige polnische Wissenschaftler in ihre Heimat zurückzubringen. Noch bevor alle Tests abgeschlossen waren, gingen in Gdansk die ersten Bestellungen für weitere Barkentinen dieses Typs ein. So wurde für Bulgarien 1983 auf der Lenin-Werft der Kiel für die «Kaliakra» gelegt. Die Barkentine durfte mit Ausnahme des Rumpfes – der um einen Meter länger gemacht wurde – ganz dem polnischen Vorbild entsprechen. Ähnlich verhält es sich mit dem 1982 fertiggestellten «Dar Pomorza»-Ersatz «Dar Mlodziezy». Auch dieses Segelschulschiff, das von seiner Ausrüstung her zu den modernsten gehört und mit seinen 105,4 Metern Länge unbestritten als «Windjammer» bezeichnet wer-

den darf, wurde als reiner Prototyp für eine neue Generation von Segelschulschiffen der Ostblockländer von Stapel gelassen. Wenn auch dieses stattliche Vollschiff mit einer Segelfläche von 2780 Quadratmetern, was der Grösse von nahezu einem Drittel eines Fussballfeldes entspricht, auf Distanz noch ganz an einen Schulsegler aus den Vorkriegsjahren erinnert, sind seine Inneneinrichtungen eher mit einem der modernsten Motorschiffe zu vergleichen. 1986 und 1988 sollen in Polen im Auftrag der UdSSR zwei Schiffe dieser Klasse entstehen. Eines davon dürfte als Ersatz für die legendäre, inzwischen aber angeschlagene «Towarischtsch II» – vielen besser bekannt als «Gorch Fock I» – aus dem Jahre 1933 in Betrieb genommen werden. Doch auch in unseren Breitengraden ist die Entwicklung auf dem Gebiet der Segelschulschiffe nicht stehengeblieben; so sollen in verschiedenen zentraleuropäischen Ländern Projekte kurz vor ihrer Verwirklichung stehen.

Anhang

In der folgenden Beschreibung einzelner Segelschifftypen haben wir nur die vier geläufigsten Formen berücksichtigt, die noch heute gefahren werden – oder deren Bezeichnung immer wieder aufgegriffen wird. Bei der Bestimmung eines Schiffstyps kommt es in der Regel oft auf die Takelage, den Rumpf oder den Verwendungszweck an. So kann es durchaus vorkommen, dass gleichzeitig zwei Bezeichnungen zutreffen können, wie: Vollschiff und Klipper, Bark und Jacht oder Brigg und Korvette. In der Regel begnügt man sich mit einer Beschreibung, und in den meisten Fällen kommt jene zur Anwendung, die über die Art der Takelage Aufschluss gibt.

Das Vollschiff

Bei diesem Segler, der oft als die klassische Form aller Rahsegler gilt, versteht man ein Schiff mit drei «voll» getakelten Masten, das heisst, jeder Mast trägt einen vollen Satz Rahsegel. Dieser Schiffstyp wurde so sehr zum Inbegriff eines Grossseglers, dass in der englischen Sprache dafür einfach das Wort «Ship» verwendet wird. Wurde ein Segelschiff dieser Art mit vier oder fünf vollgetakelten Masten ausgerüstet, so wurde es als Viermast- oder Fünfmast-Vollschiff bezeichnet. Das grösste Schiff dieser Art, das jemals gebaut wurde, war das Fünfmast-Vollschiff «Preussen» aus dem Jahre 1902.

Die Bark

Als Bark werden Segelschiffe bezeichnet, die drei Masten aufweisen, wovon die ersten zwei wie beim Vollschiff vollgetakelt sind und der Besanmast ausschliesslich Schrat- oder Gaffelsegel aufweist. Auch bei diesem Typ wurden zahlreiche Einheiten mit vier und fünf Masten versehen. In diesem Fall wurden sie entsprechend ihrer Mastenzahl Vier- oder Fünfmast-Bark genannt. Gegen Ende des letzten Jahrhunderts wurde dieser Schiffstyp von den Segelschiffreedereien auf grossen Fahrten dem Vollschiff vorgezogen, da Vollschiffe im Verhältnis zu ihrer Wirtschaftlichkeit bedeutend mehr Bedienungspersonal als eine gleich grosse Bark erforderten. Heute gehört die Bark aber auch als Segelschulschiff zum verbreitetsten Schiffstyp. Das grösste jemals gebaute Segelschiff der Welt, die «France II» (5633 BRT), gehörte als Fünfmast-Bark ebenfalls zu dieser Familie.

Die Barkentine

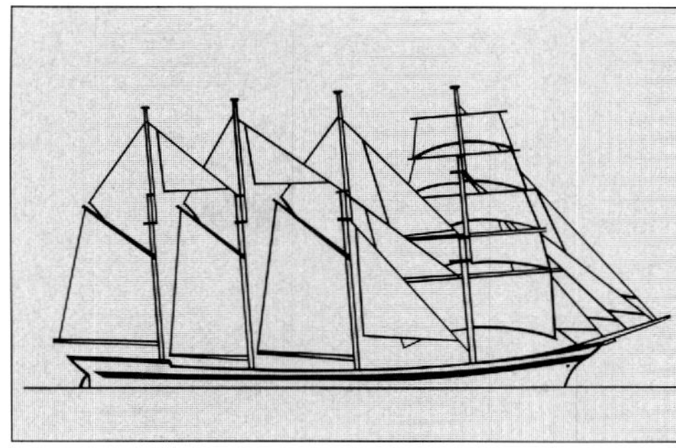

Sie ist ein dreimastiges Segelschiff, das nur am Fockmast mit einem ganzen Satz Rahsegel, an den beiden weiteren Masten jedoch mit Schrat- oder Gaffelsegeln ausgerüstet ist. Gelegentlich wird dieser Schiffstyp auch als Schonerbark bezeichnet. Im Gegensatz zu den Vollschiffen und den Barken wurden nur wenige Barkentinen als Vier- oder Fünfmast-Barkentinen gebaut. Dafür verfügte das grösste Schiff dieser Gattung, die im Jahre 1883 gebaute «E. R. Sterling», gleich über sechs Masten.

Die Schoner

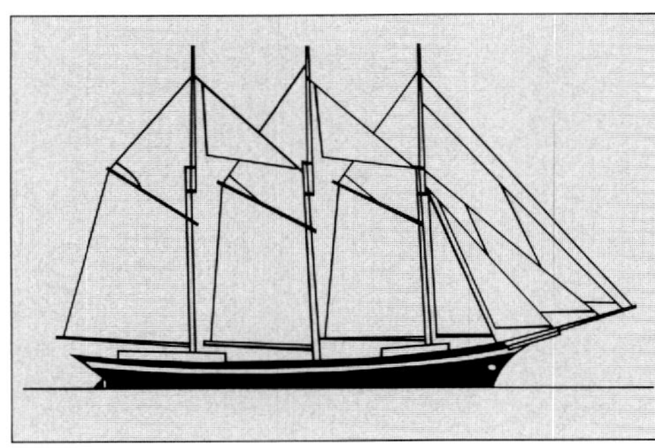

Neben den Rahseglern stellen die Schoner die zweitgrösste Gruppe unter den Windjammern dar. Obschon bereits recht früh diese Takelung in Holland auf kleinen Schiffen zur Anwendung kam, vermochte sie sich bis gegen Ende des letzten Jahrhunderts in Europa nicht auf grossen Schiffen durchzusetzen. Erst durch den Schiffsbau in Amerika, wo recht bald die guten Eigenschaften des Schoners für lange Küstenfahrten erkannt wurden, begann für diesen Schiffstyp ein grosser Siegeszug.

Das Vollschiff

Kreuzmast

1 Besansegel
2 Kreuz-Royal
3 Kreuz-Bramsegel
4 Kreuz-Obermarssegel
5 Kreuz-Untermarssegel
*1 Kreuzsegel
6 Kreuz-Royalstagsegel
7 Kreuz-Bramstagsegel
8 Kreuz-Stangestagsegel

Grossmast

9 Gross-Royal
10 Gross-Bramsegel
11 Gross-Obermarssegel
12 Gross-Untermarssegel
13 Grosssegel
14 Gross-Royalstagsegel
15 Gross-Bramstagsegel
16 Gross-Stangestagsegel

Fockmast

17 Vor-Royal
18 Vor-Bramsegel
19 Vor-Obermarssegel
20 Vor-Untermarssegel
21 Focksegel

Klüverbaum

*2 Flieger
22 Aussenklüver
23 Klüver
24 Binnenklüver
25 Vor-Stagsegel

Die Bark

Besan

1 Besantoppsegel
2 Oberbesan
3 Unterbesan
4 Besan-Bramstagsegel
5 Besan-Stangestagsegel
6 Besan-Stagsegel

Grossmast

7 Gross-Royal
8 Gross-Bramsegel
9 Gross-Obermarssegel
10 Gross-Untermarssegel
11 Grosssegel
12 Gross-Royalstagsegel
13 Gross-Bramstagsegel
14 Gross-Stangestagsegel

Fockmast

15 Vor-Royal
16 Vor-Bramsegel
17 Vor-Obermarssegel
18 Vor-Untermarssegel
19 Focksegel

Klüverbaum

20 Aussenklüver
21 Klüver
22 Binnenklüver
23 Vor-Stangestagsegel

Segelschulschiffe Europas

In diesem Verzeichnis finden Sie eine Zusammenstellung der bekanntesten Segelschiffe, die in Europa gebaut wurden, im Ausbildungsdienst stehen oder als Museumsschiffe erhalten geblieben sind.

Land *Name des Schiffes*	*Bauart*	*Baujahr*	*Verwendung* *[1] unter Segeln* *[2] stationär*	*Liegeplatz* *oder Heimathafen*
Belgien				
Mercator	Barkentine	1932	Museumsschiff	Ostende
BRD				
Rickmer Rickmers	Bark	1896	Museumsschiff	Hamburg
Grossherzogin Elisabeth	Gaffelschoner	1909	Schulschiff [1]	Elsfleth
Passat	Viermastbark	1911	Museumsschiff	Travemünde
Seute Deern	Bark	1919	Museumsschiff	Bremerhaven
Schulschiff Deutschland	Vollschiff	1927	Schulschiff [2]	Bremen
Gorch Fock	Bark	1958	Schulschiff [1]	Kiel
Dänemark				
Danmark	Vollschiff	1933	Schulschiff [1]	Kopenhagen
Georg Stage	Vollschiff	1934/35	Schulschiff [1]	Kopenhagen
DDR				
Wilhelm Pieck	Brigantine	1951	Schulschiff [1]	Grieswald
Finnland				
Suomen Joutsen	Vollschiff	1902	Schulschiff [2]	Turku
Pommern	Viermastbark	1903	Museumsschiff	Mariehamn
Frankreich				
Duchesse Anne	Vollschiff	1901	Museumsschiff	Dünkirchen
Griechenland				
Eugene Eugenides	Toppsegel- schoner	1929	Schulschiff [1]	Piräus
Italien				
Amerigo Vespucci	Vollschiff	1930	Schulschiff [1]	La Spezia
Palinuro	Barkentine	1934	Schulschiff [1]	La Maddelena

Land *Name des Schiffes*	*Bauart*	*Baujahr*	*Verwendung* *1) unter Segeln* *2) stationär*	*Liegeplatz* *oder Heimathafen*
Jugoslawien				
Jadran	Toppsegel-schoner	1933	Schulschiff 1)	Bakar
Niederlande				
Pollux	Bark	1940	Schulschiff 2)	Amsterdam
Norwegen				
Statsraad Lehmkuhl	Bark	1914	Charterschiff	Bergen
Sørlandet	Vollschiff	1927	Schulschiff 1)	Kristiansand
Christian Radich	Vollschiff	1937	Schulschiff 1)	Oslo
Polen				
Dar Pomorza	Vollschiff	1909	Museumsschiff	Gdynia
Iskra	Gaffelschoner	1917	Schulschiff 1)	Gdynia
Pogoria	Barkentine	1980	Schulschiff 1)	Gdansk
Dar Mlodziezy	Vollschiff	1982	Schulschiff 1)	Gdynia
Portugal				
Sagres II	Bark	1937	Schulschiff 1)	Alfaite/Lissabon
Rumänien				
Mircea	Bark	1938	Schulschiff 1)	Constanza
Schweden				
Af Chapman	Vollschiff	1888	Jugendherberge	Stockholm
Najaden	Vollschiff	1897	Museumsschiff	Halmstad
Jarramas	Vollschiff	1900	Museumsschiff	Karlskrona
Viking	Viermastbark	1907	Schulschiff 2)	Göteborg
Spanien				
Galatea	Bark	1896	Schulschiff 2)	El Ferrol del Caudillo
Juan Sebastian DeElcano	4-Mast-Topp-segelschoner	1927	Schulschiff 1)	San Fernando, Cadiz
UdSSR				
Sedov	Viermastbark	1921	Schulschiff 1)	Riga
Kruzenshtern	Viermastbark	1926	Schulschiff 1)	Riga
Towarischtsch	Bark	1933	Schulschiff 1)	Cherson

Segelschiffe aus Übersee, die in Europa gebaut wurden

Land *Name des Schiffes*	*Bauart*	*Baujahr*	*Verwendung* *1) unter Segeln* *2) stationär*	*Liegeplatz* *oder Heimathafen* *U: Ursprungsland*
Ägypten				
Cap Finisterre	Bark	1874	Schulschiff 2)	Alexandria U: Schottland
Argentinien				
President Sarminto	Vollschiff	1897	Museumsschiff	Buenos Aires U: England
Chile				
Esmeralda	4-Mast- Barkentine	1952	Schulschiff 1)	Valparaiso U: Spanien
Kolumbien				
Gloria	Bark	1967/68	Schulschiff 1)	Cartagena U: Spanien
Ecuador				
Guayas	Bark	1976/77	Schulschiff 1)	Guayaquil U: Spanien
Indonesien				
Dewarutji	Barkentine	1952	Schulschiff 1)	Djakarta U: BRD
Mexiko				
Cuauhtémoc	Bark	1981/82	Schulschiff 1)	Acapulco U: Spanien
USA				
Elissa	Bark	1877	Museums- und Schulschiff 1) (Charter)	Galveston U: Schottland
Joseph Conrad	Vollschiff	1882	Museums- und Schulschiff 2)	Mystic U: Dänemark
Gazela Primeiro	Barkentine	1883	Museums- und Schulschiff 1)	Philadelphia U: Portugal
Moshulu	Viermastbark	1904	Restaurant und Museumsschiff	Philadelphia U: Schottland
Peking	Viermastbark	1911	Museumsschiff	New York U: BRD
Eagle	Bark	1936	Schulschiff 1)	New London U: BRD
Venezuela				
Simon Bolivar	Bark	1979/80	Schulschiff 1)	La Gueira U: Spanien

DAR POMORZA
1968
ODESSA
DAR POMORZA
GDYNIA
DAR POMORZA
19 6
MONTRE
DAR POMORZA
1968
ODESSA
150 Jahre
Seestadt
Bremerhaven
s/s »DAR POMORZA«
zu Besuch in
BREMERHAVEN
S/S DAR POMORZA
-7 -8 79 12
s/s
DAR
POMORZA
OPERATION SAIL 76
GDYNIA
NEW YORK
DAR POMORZA
GDYNIA
OPERATION SAIL •1978
DAR POMORZA
POMORZA
GDYNIA
OPERATION SAIL
16·VIII
7·IX
DAR POMORZA
DAR POMORZA
GDYNIA